MUST READ · **BOEKANALYSE**

AF156565

Het spook van Canterville

Oscar Wilde

BOEKANALYSE

Geschreven door Perrine Beaufils
Vertaald door Nikki Claes

Het spook van Canterville

OSCAR WILDE

MUST READ

OSCAR WILDE

IERSE ROMANSCHRIJVER, ESSAYIST, DICHTER, TONEELSCHRIJVER EN SCHRIJVER VAN KORTE VERHALEN.

- **Geboren in 1854 in Dublin.**
- **Overleden in 1900 in Parijs.**
- **Opmerkelijke werken:**
  - *De ziel van de mens onder het socialisme* (1891), essay
  - *Salome* (1893), toneelstuk
  - *The Importance of Being Earnest* (1895), toneelstuk

Oscar Wilde was een in Ierland geboren schrijver die het grootste deel van zijn leven in Londen doorbracht, en is de beste vertegenwoordiger van de literatuur van het *fin de siècle* in de Engelstalige wereld. Hij werd geassocieerd met de decadente beweging en het estheticisme, en stelde schoonheid boven alles.

De Victoriaanse samenleving was geschokt door zijn flamboyante dandyisme en zijn non-conformisme, en sommige van zijn meer bekrompen tijdgenoten reageerden heftig op zijn gedrag. In 1895 werd hij wegens zijn seksuele relaties met mannen veroordeeld tot twee jaar dwangarbeid in Reading Gaol. Na het uitzitten van zijn straf ging hij in ballingschap in Parijs, waar hij in 1900 vergeten en berooid stierf. Zijn beroemdste werken zijn *The Picture of Dorian Gray* (1890-1891) en het toneelstuk *The Importance of Being Earnest* (1895).

HET SPOOK VAN CANTERVILLE

WILDE'S MEEST BEROEMDE VERHAAL

- **Genre:** fantastisch kort verhaal
- **Referentie-uitgave:** Wilde, O. (1997) *The Canterville Ghost*. Londen: Walker Books.
- **1e editie:** 1887
- **Thema's:** spoken, bijgeloof, practical jokes, mysterie, humor

Het spook van Canterville werd voor het eerst gepubliceerd in 1887, en is ongetwijfeld Wilde's beroemdste korte verhaal.

Wilde speelt met de normen van het fantastische korte verhaal en de gotische roman (een genre uit de 19e eeuw met sentimentele en morbide verhalen over geesten, tragische lotsbestemmingen en mysterieuze kastelen), door parodische elementen in beide genres te verwerken. Bovendien gebruikt hij het verhaal om een satirisch portret (d.w.z. een met humor en parodie gepresenteerde kritiek) te schetsen van de Amerikanen en de Britten, zowel wat betreft hun levenswijze als hun mentaliteit.

SAMENVATTING

Mr. Otis, een Amerikaanse dominee, verhuist met zijn gezin naar Engeland, waar hij een oud huis heeft gekocht dat toebehoorde aan de Cantervilles, een aristocratische familie. Lord Canterville zelf raadt hem af het huis te kopen, omdat het volgens hem sinds de 16^e eeuw wordt achtervolgd door de geest van zijn voorvader, Sir Simon. De Amerikaan gelooft echter niet in spoken en denkt dat dit verhaal niets meer is dan Europees bijgeloof.

Zijn familie, bestaande uit het echtpaar Otis en hun kinderen Washington, Virginia en de tweeling, nemen hun intrek in het huis. Ze worden verwelkomd door de huishoudster, mevrouw Umney. In de bibliotheek zien ze een bloedvlek die er al zit sinds Sir Simon drie eeuwen eerder zijn vrouw vermoordde. Washington is niet geschokt door de vlek en wist deze snel uit met moderne producten.

De volgende dag is de plek weer terug. De familie begint dus te geloven in het bestaan van het spook, maar zonder bang te zijn. Die nacht verschijnt het spook: Meneer Otis hoort het voor zijn slaapkamer langsgaan en biedt het iets aan om zijn ketenen te oliën. Sir Simon vervolgt verontwaardigd zijn weg, maar onmiddellijk daarna beledigt de tweeling hem door een kussen in zijn gezicht te goolen. De geest verstopt zich in zijn geheime hoekje, geschokt en beschaamd. Om zichzelf gerust te stellen herinnert hij zich zijn grootste succes, de manier waarop hij de familie Canterville en hun vrienden terroriseerde. Hij besluit wraak te nemen op de familie Otis.

Een tijdlang laat Sir Simon de bloedvlek gewoon weer ver-schijnen, en blijft verder uit de buurt. Op een nacht trekt hij de aandacht van de familie door een harnas te laten vallen terwijl hij het probeert aan te trekken. De tweeling reageert door hem aan te vallen met hun blaaspijpen. Sir Simon pro-beert hen af te schrikken met een kwade lach, maar mevrouw Otis verrast hem door hem voor te stellen een middel tegen indigestie te nemen. Omdat al deze vernederingen hem ziek hebben gemaakt, trekt de geest zich terug in zijn schuilplaats en blijft daar een tijdje om moed te verzamelen en zijn gezondheid te herstellen.

Voor zijn volgende poging tot intimidatie besluit hij zijn meest angstaanjagende kostuum aan te trekken en elk lid van de familie een speciale behandeling te geven. Wanneer hij echter op het punt staat zijn aanval in te zetten, ontmoet hij een angstaanjagend spook, dat hem de stuipen op het lijf jaagt. Hij verstopt zich weer en durft dit andere spook niet voor de ochtend van dichtbij te komen bekijken. Als hij dat doet, ontdekt hij dat het niets anders was dan een pop die door de tweeling was gemaakt om hem voor de gek te houden.

Weer verzwakt door deze nieuwe vernedering, blijft de geest in zijn schuilplaats en doet zelfs geen moeite om de bloed-vlek weer te laten verschijnen. Hij komt nog steeds af en toe naar buiten, maar probeert zo discreet mogelijk te blijven. Toch slaagt hij er niet in zich te onttrekken aan de practical jokes die elke avond voor hem worden opgezet. Na een laat-ste zwerftocht die eindigt met een hinderlaag voorbereid door de tweeling en Washington, geeft hij het voorgoed op om de Amerikanen bang te maken.

Omdat ze Sir Simon niet meer zien, gelooft de familie Otis dat hij verdwenen is. Wanneer ze bezoek krijgen van Virginia's huwelijkskandidaat, de jonge hertog van Cheshire, wiens familie in het verleden al paden gekruist heeft met Sir Simon, besluit de geest het op hem gemunt te hebben. Uiteindelijk is hij echter te bang voor de tweeling om iets te doen.

Een paar dagen later komt Virginia de geest toevallig tegen. Ze is geroerd door zijn verdriet en probeert hem te troosten. Ze leest hem de les over de moord op zijn vrouw en scheldt hem uit omdat hij haar tubes verf heeft gestolen om de bloedvlek na te maken. Sir Simon klaagt vervolgens dat de broers van zijn vrouw hem hebben gestraft door hem uit te hongeren en dat hij al eeuwen zonder rust moet zwerven. Hij vertelt Virginia, die vol mededogen is, dat volgens een profetie de remedie voor zijn toestand tranen en de liefde van een jonge vrouw zijn.

Virginia accepteert dapper om te bidden voor zijn rust en om hem zo goed mogelijk te helpen. Ze volgt Sir Simon, die haar naar een mysterieuze grot leidt.

Kort daarna merkt de familie dat Virginia wordt vermist en begint zich zorgen te maken. Ze zoeken haar in het huis en de tuin, en beginnen een groep zigeuners te verdenken die ze in hun park hebben laten kamperen. Ze vinden haar echter niet en besluiten de volgende dag verder te zoeken.

Maar om middernacht, als iedereen op het punt staat naar zijn kamer te gaan, galmt er een vreselijk lawaai door het huis en verschijnt Virginia achter een omgevallen paneel. Ze is uitgeput en draagt een klein juwelendoosje dat door de geest is geschonken. Ze vraagt de familie haar te volgen naar de grot, naar een kamer waar het lichaam van Sir Simon ligt, vastgeketend aan de muur met een bord eten en een kan water voor hem, net buiten zijn bereik.

Een paar dagen later geeft de familie Sir Simon een plechtige begrafenis op de kleine begraafplaats in het park.

Mr. Otis wil de juwelen die door de geest aan Virginia zijn gegeven teruggeven aan Lord Canterville, omdat ze zeer waardevol blijken te zijn. Lord Canterville weigert, gezien de grote dienst die Virginia aan zijn voorvader heeft bewezen.

Veel later ontdekken we dat Virginia getrouwd is met de hertog van Cheshire. Na hun huwelijksreis brengen ze hulde aan Sir Simon door bloemen op zijn graf te leggen. De hertog vraagt de jonge vrouw wat ze heeft moeten doen om de geest te bevrijden. Ze vertelt hem dat ze het liever geheim houdt en haar man accepteert dat, zeker van de liefde van zijn vrouw.

KARAKTERSTUDIE

SIR SIMON

Sir Simon is een lid van de Canterville familie en stierf in 1574. Hij vermoordde zijn vrouw negen jaar voor zijn dood, en we leren dat haar familie hem vermoordde door hem zonder eten in een kerker achter te laten.

Hij is een zeer vreemde geest, want hij is gevoelig voor lichamelijk lijden en ziekte. Hij schaaft bijvoorbeeld zijn knieën als hij valt, en vreest de aanvallen van de tweeling. Hij kan echter door muren lopen en zegt dat hij nooit eet of slaapt.

Aan het begin van de roman lijkt hij een gemene en wrede geest die trots is op zijn slechte daden en de tragedies die hij heeft veroorzaakt. Bovendien lijkt hij geen wroeging te voelen voor de moord op zijn vrouw. Toch wordt de geest na de ontmoeting met Virginia milder en wordt duidelijk dat hij zijn misdaad al met veel leed heeft betaald. Dankzij de jonge vrouw vindt hij de weg naar verlossing.

VIRGINIA

Ze is een 15-jarig meisje, en wordt beschreven als mooi en sierlijk. Ze houdt van paardrijden en schilderen. In tegenstelling tot de andere leden van haar familie, pest of beledigt ze Sir Simon nooit.

Ze is een zachte, lieve jonge vrouw, vol sympathie en mededogen. Ze is geroerd door het leed van de geest, en Sir Simons ongeluk maakt haar vergevingsgezinder voor zijn misdaden.

Ze is ook sterk en dapper: ze is niet bang om Sir Simon te volgen naar de ondergrondse gangen van het kasteel en stemt ermee in alles te doen om hem te helpen.

MR. EN MRS. OTIS

Zij belichamen het Amerikaanse rationalisme en materialisme, in tegenstelling tot het Britse bijgeloof en geloof. Wanneer Mr. Otis, die in Amerika predikant is, wordt gewaarschuwd voor het bestaan van het spook, neemt hij deze informatie niet serieus. Hij en zijn vrouw hebben altijd een rationeel antwoord op de bovennatuurlijke verschijnselen waarmee zij worden geconfronteerd: hij biedt olie aan voor de kettingen van het spook, terwijl zij een behandeling voorstelt tegen indigestie. Wanneer zij in het bestaan van Sir Simon beginnen te geloven, accepteren zij de situatie rustig en zijn zij niet in het minst bang.

WASHINGTON EN DE TWEELING

Washington is het oudste kind van het gezin, terwijl de tweeling het jongste is. Alle drie hebben ze er plezier in de geest te pesten, hem te achtervolgen en hem het mikpunt te maken van vernederende grappen. Sir Simon begint hen al snel zo te vrezen dat hij zijn schuilplaats niet meer durft te verlaten. We zien dus dat deze drie jongeren, naast een ondeugende geest, dezelfde praktische geesten hebben als hun ouders. Washington is de eerste die zijn onverschilligheid voor bijgeloof demonstreert door de beroemde bloedvlek in de bibliotheek uit te wissen.

ANALYSE

VERHALENDE STRUCTUUR

Het spook van Canterville is een fantastisch kort verhaal dat elementen van de gotische roman leent en parodieert. Dit wordt weerspiegeld in de verhaalstructuur.

Beginsituatie: dit is het begin van het verhaal, het moment om de scène neer te zetten en de personages te introduceren; de situatie is evenwichtig, wat betekent dat er geen reden is om deze te veranderen.

- De geest van Sir Simon waart rond in Canterville Chase en wordt alom gevreesd.

Ontwrichtend element: dit is een gebeurtenis die plaatsvindt, waardoor de beginsituatie en het echte verhaal op gang komt.

- De familie Otis verhuist naar Canterville Chase. Ze zijn onbewogen door Sir Simons om hen bang te maken. Dit element gaat in tegen wat men gewoonlijk verwacht van een spookverhaal.

Ontwikkelingen: dit zijn de door het verstorende element veroorzaakte gebeurtenissen die de held ertoe brengen actie te ondernemen om het probleem op te lossen.

- Het spook lijdt onder de onverschilligheid van de familie en de grappen van de kinderen, zonder af te zien van zijn verlangen hen bang te maken, en begint te wanhopen. In deze wendingen is de parodische dimensie van de tekst het meest zichtbaar.

Resultaat: dit maakt een einde aan de ontwikkelingen en leidt tot de conclusie.

- Sir Simon weet Virginia voor zich te winnen, die hem helpt vrede te vinden. Met deze resolutie krijgt het fantastische de overhand op het parodische, aangezien gevoelens en mysterie het einde van het verhaal domineren.

Conclusie: dit is het einde van het verhaal. De situatie is weer stabiel, zoals de beginsituatie, maar er zijn enkele veranderingen.

- De geest is bevrijd en rust nu in vrede op het kerkhof van de Cantervilles. Virginia, die getrouwd is, eert nog steeds de herinnering aan de man die ze gered heeft.

EEN FANTASTISCH KORT VERHAAL

Het spook van Canterville is een kort verhaal, dat kan worden gedefinieerd als een korte, of relatief korte, fictieve tekst geschreven in proza. Het concentreert zich op één enkele gebeurtenis en er zijn weinig personages, die meestal niet erg ontwikkeld zijn. Het einde van het verhaal moet opvallend en onverwacht zijn. Korte verhalen verschillen van verhalen omdat ze zich afspelen in een realistisch universum en meestal niet de zwart-wit situaties (tegenstelling tussen goed en kwaad), stereotiepe personages (helden en schurken) en morele boodschap hebben die het genre van de verhalen kenmerken. Het genre kort verhaal bestaat al sinds de Middeleeuwen, maar werd in de 19e eeuw opnieuw gedefinieerd en ontwikkeld door auteurs als Edgar Allan Poe (Amerikaanse schrijver, 1809-1849), Prosper Mérimée (Franse schrijver, 1803-1870) en Guy de Maupassant (Franse schrijver, 1850-1893).

Gezien deze kenmerken is het duidelijk dat *Het spook van Canterville* inderdaad een kort verhaal is:

- het is korte tekst;

- is er maar één plot, en die is heel eenvoudig: de ontmoeting van de familie Otis met het spook;

- er zijn weinig personages (de hoofdpersonen zijn beperkt tot de familie Otis en de geest) en we weten weinig over hen, behalve wat nodig is voor het doel van het verhaal;

- het einde is verrassend en draagt bij aan de mysterieuze dimensie van het verhaal, aangezien Virginia weigert te onthullen wat er die nacht met de geest is gebeurd.

Korte verhalen kunnen zowel realistisch als fantastisch zijn. *Het spook van Canterville* is een fantastisch kort verhaal, wat betekent dat onverklaarbare bovennatuurlijke gebeurtenissen plaatsvinden in een verder realistisch universum. De lezer wordt geconfronteerd met een wereld die lijkt op de wereld waarin hij leeft, en het verschijnen van het onverklaarbare in deze context roept angst en vrees op. Het fantastische verschilt dus van fantasie, omdat bij fantasie het hele universum surrealistisch is. Hier is het bestaan van de geest het enige element in het verhaal dat niet realistisch is.

VERWIJZINGEN NAAR DE GOTISCHE ROMAN

In zijn korte verhaal leent Wilde ook enkele elementen van de gotische roman, een genre dat nog populair was toen *Het spook van Canterville* werd geschreven. Dit literaire genre ontstond in Engeland aan het eind van de 18e eeuw. Gotische romans bevatten sentimentele en macabere verhalen waarin het bovennatuurlijke een belangrijke rol speelt. De bekendste auteurs in dit genre zijn Ann Radcliffe (Engelse schrijfster, 1764-1823) en Horace Walpole (Engelse schrijver, 1717-1797). In *Het spook van Canterville zijn er* veel elementen die doen denken aan de gotische roman:

- het speelt zich af in een oud en mysterieus kasteel, waar het verleden alomtegenwoordig is;

- het bevat bovennatuurlijke gebeurtenissen, zoals de bloedvlek en de verschijningen van het spook;

- draagt het huis een donker, tragisch geheim met zich mee: de moord op Lady Canterville en het trieste lot van Sir Simon;

- een dappere en deugdzame jonge vrouw – Virginia – offert zichzelf op voor het algemeen belang;

- de personages die Sir Simon belichaamt om zijn slachtoffers bang te maken, zijn allemaal verwijzingen naar traditionele figuren uit de gotische roman, zoals "Guant Gibeon, de bloedzuiger van Bexley Moor", "Red Reuben, of de gewurgde baby" of "Dumb Daniel, of het skelet van de zelfmoordenaar".

EEN PARODISCHE TOON

Hoewel Wilde's roman veel fantastische en gotische elementen bevat, parodieert hij ze, wat betekent dat hij ze in een komisch licht toont. Het spook is namelijk niet echt angstaanjagend, en wordt zelfs het zielige en belachelijke slachtoffer van de familie Otis. Hoewel Sir Simons verschijningen doen denken aan de gotische roman en angst moeten inboezemen, maakt de kalme rationaliteit van de familie Otis al zijn pogingen komisch. Zo zou Sir Simons kwade lach de personages van een gotische roman schrik aanjagen, maar wordt deze door mevrouw Otis opgevat als een symptoom van indigestie. De discrepantie tussen de handelingen van het spook en de reacties van de familie zorgt voor een uiterst komisch effect. In *Het spook van Canterville worden* het fantastische en de verwijzingen naar de gotische roman dan ook meestal komisch behandeld. Aan het eind van het verhaal zegevieren echter uiteindelijk de emotie en het mysterie, waaruit blijkt dat Wilde zijn modellen niet geheel verloochent.

VERDER LEZEN

REFERENTIE-UITGAVE

Wilde, O. (1997) *The Canterville Ghost*. Londen: Walker Books.

*We horen graag van jou! Laat
een reactie achter op jouw online bibliotheek
en deel je favoriete boeken op social media!*

Waarom kiezen voor Must Read?

Kom alles te weten over een boek met onze beknopte en diepgaande samenvattingen en analyses!

Ontdek het beste uit de literatuur in een compleet nieuw licht!

www.50minutes.com

www.50minutes.com

Master ISBN: 9782808689205
Papier ISBN: 9782808610605
Wettelijk depot: D/2023/12603/1340

Omslag: © Primento

Digitaal ontwerp: Primento, de digitale partner van uitgevers.